# Prólogo

¡Bienvenidos a la casa de Dios! ¿Pensaste que ~~~~~~~~ estaba en el cielo? Pues bien, esa es una de sus casas, pero tiene muchas casas aquí en la tierra. Tal vez la más cercana para ti sea una iglesia católica. Una iglesia católica es un lugar especial. Tal vez la visites todos los domingos o sábados por la tarde cuando asistes a la misa semanal. Probablemente también la visites en otras ocasiones: al recibir el sacramento del bautismo, del perdón de los pecados, o al participar en servicios de oración.

Quizás también la visites en otras ocasiones; por ejemplo, al mediodía para sentarte y orar, cuando no hay celebraciones. En este lugar tranquilo puedes compartir con Dios tus alegrías y penas, tus temores y certezas, tus esperanzas y desilusiones. En la tranquilidad de la casa de Dios, puede ser que Dios te haya hablado y dicho que no debes sentir miedo o te haya mostrado cómo superar un obstáculo.

Puesto que la iglesia católica es un lugar tan especial, tú desearás conocer todo sobre ella. Las diversas partes de una iglesia católica no te debieran ser desconocidas, pues la falta de conocimiento algunas veces causa miedo. Nuestro Dios es un Dios amoroso, y desea que sus hijos no le teman, sino que le amen.

El Padre Michael Keane, con la ayuda del fotógrafo Aaron Pepis, ha escrito este hermoso libro para ayudarte a comprender lo que es una iglesia católica. Lleva el libro contigo la próxima vez que visites una iglesia y compara las fotografías en el libro con lo que veas en tu iglesia. Lee el texto y descubre lo que es el altar, por qué hay velas y flores, estatuas y vitrales y muchas otras cosas. Después de hacer esto, te sentirás más a gusto en la casa de Dios, y esto es lo que Él quiere.

**Robert J. Kealey, Ed.D.**
**Executive Director,**
**Department of Elementary Schools,**
**National Catholic Educational Association**

# Lo que se puede ver dentro
# DE UNA IGLESIA CATÓLICA

Reverendo Michael Keane
Fotografías por Aaron Pepis

TRADUCIDO AL ESPAÑOL POR ELIZABETH Y ROGELIO CUESTA

*Walking Together, Finding the Way*
SKYLIGHT PATHS Publishing
Woodstock, Vermont

Dedico este libro a mi madre yami padre que fueron los primeros en traerme a la iglesia católica el día de mi bautismo. Les agradezco el regalo de la fe que compartieron conmigo desde niño. Fue plantado a través de su amor y regado con su ejemplo. También dedico este libro a mis sobrinos y ahijados. Ruego que Sarah, Melissa, Lauren, Anna, Anthony, Grace, Erin, Aaron y Jade lleguen a visitar con frecuencia la casa de Dios, y que sientan en ella una calurosa y extraordinaria acogida. —Reverendo Michael Keane

Publicaciones SkyLight Paths extiende su profunda gratitud hacia la iglesia católica de la archidiócesis de Nueva York que generosamente nos permitió fotografiar algunos interiores de sus templos:

Iglesia del Santo Nombre de María, Croton-on-Hudson; Iglesia de San Antonio, Nanuet; Iglesia de San José, Poughkeepsie; Iglesia de San Martín de Porres, Poughkeepsie; Capilla de Nuestra Señora del Rosario de la Iglesia de San Pedro, Poughkeepsie; Iglesia de Santa Ana, Nyack; Iglesia de Santa Columba, Hopewell Junction; San Francisco de Asis, West Nyack; Iglesia de San Gregorio Barbarigo, Garnerville; San Pío X, Scarsdale.

*Lo que se puede ver dentro de una iglesia católica*

Nihil Obstat: William B. Smith, S.T.D., Censor Liborum
Imprimatur: † Robert A. Brucato, D.D., Vicar General, Archdiocese of New York

Texto © 2002 por Michael Keane
Ilustraciones © 2002 the Pepis Studio
Traducción al español © 2002 Publicaciones Skylight Paths

**Library of Congress Cataloging-in-Publication Data**
Keane, Michael, 1961–
[What you will see inside a Catholic Church. Spanish]
Lo que se puede ver dentro de una Iglesia Católica / Michael Keane ; fotografías por Aaron Pepis ; traducido al español de Elizabeth y Rogelio Cuesta.
    p. cm. — (Lo que se puede ver dento)
Summary: Names and explains the various objects found in a Catholic Church, how they are used in the celebration of the Mass and other events, the clergy and lay people who use them, and the meaning behind them.
ISBN 1-893361-66-7
1. Mass—Juvenile literature. 2. Church year—Juvenile literature. 3. Sacraments—Catholic Church—Juvenile literature. 4. Catholic Church—Liturgical objects—Juvenile literature. [1. Mass. 2. Catholic Church. 3. Sacraments—Catholic Church. 4. Church year.] I. Pepis, Aaron, ill. II. Title. III. What you will see inside—  . Spanish.
BX2230.3 .K4318 2002
264'.02—dc21
                                                                                    2002026914


10 9 8 7 6 5 4 3 2 1

Manufactured in Malaysia
Diseño por Dawn DeVries Sokol


SkyLight Paths, "Walking Together, Finding the Way" and colophon are trademarks of LongHill Partners, Inc., registered in the U.S. Patent and Trademark Office.

*Walking Together, Finding the Way*
Published by SkyLight Paths Publishing
A Division of LongHill Partners, Inc.
Sunset Farm Offices, Route 4, P.O. Box 237
Woodstock, VT 05091
Tel: (802) 457-4000    Fax: (802) 457-4004
www.skylightpaths.com

# Un mensaje especial para los jóvenes lectores

Las iglesias católicas son como el pueblo de Dios: no todos parecemos iguales. Eso es precisamente lo que nos hace tan especiales. Somos creados por Dios como individuos únicos. Las iglesias son edificios especiales creados por el pueblo o la comunidad. Y así como el pueblo de Dios, hay iglesias viejas y algunas modernas. Algunas son oscuras por fuera y otras iluminadas. Algunas son grandes como catedrales, y otras pequeñas como capillas. Si bien algunas iglesias parecen diferentes por fuera, sin embargo, contienen las mismas cosas importantes en su interior, ¡exactamente como en cada uno de nosotros!

Todas las iglesias católicas tienen un tabernáculo donde se guarda el Santísimo Sacramento. Todas tienen altares donde se ofrece el santo sacrificio de la misa, así como atriles donde se proclama la palabra de Dios. Pero lo más importante es reconocer que todas las iglesias forman una comunidad de oración y de fe.

# Introducción

¡BIENVENIDOS! ¡ENTREN! ¡SIÉNTANSE COMO EN CASA! Siempre es agradable visitar la casa de un familiar o un amigo y pasar un buen rato juntos. Podemos compartir historias mutuamente sobre personas y acontecimientos importantes en nuestras vidas. Podemos sentarnos a la mesa y gozar juntamente de una sabrosa comida. Tal vez podemos cantar canciones juntos. Realmente es agradable estar con gente que amamos.

Ir a la casa de Dios es como visitar a una persona que nos ama. En la iglesia oímos relatos bíblicos sobre Dios y su pueblo. En la iglesia católica compartimos una comida que llamamos la Eucaristía. ¡También cantamos canciones en la casa de Dios!

Así, pues, abramos la puerta de una iglesia católica y miremos algunas de las cosas admirables que podemos encontrar allí.

# Bienvenidos al altar

**"EL SEÑOR ESTÉ CON USTEDES".** Este es el saludo que el sacerdote usa para dar la bienvenida a la gente que viene a la iglesia. Nos recuerda que Dios está con nosotros cuando rezamos juntos.

El altar es una mesa muy especial que se halla en todas las iglesias católicas. El altar es el lugar donde el sacerdote ofrece a Dios el pan y el vino. Después de la consagración, el pan y vino se transforman en el Cuerpo y la Sangre de Cristo, lo que se conoce como la Eucaristía. Esto ocurre cuando el pueblo de Dios se reúne en la iglesia para celebrar lo que se llama la misa.

**EUCARISTÍA:** el sacramento en el que el pueblo se reúne para celebrar y recordar la muerte y la Resurrección de Jesús. También es el nombre del Cuerpo y la Sangre de Jesús que recibimos en la misa.

La imagen en este altar muestra la última cena que Jesús celebró con sus amigos más íntimos, conocidos como los Apóstoles. Jesús les dio a sus Apóstoles el regalo de la Eucaristía en aquella cena. Hoy todavía se sigue celebrando la Eucaristía alrededor del altar en la iglesia.

Los monaguillos son niños o niñas que ayudan al sacerdote durante la misa. Algunas veces ellos llevan la cruz y las velas y ayudan a preparar el altar durante la misa.

El lugar donde se encuentra el altar se llama el santuario. La palabra *santuario* significa 'lugar sagrado'. Es el lugar donde se proclama la palabra de Dios y se da a Jesús la bienvenida a nuestro altar.

**LA SILLA DEL QUE PRESIDE:** la silla en que el sacerdote usa durante la misa cuando no está de pie en el altar. Las sillas de los monaguillos están al lado de la silla del que preside.

**LA CRUZ PROCESIONAL:** la cruz que se lleva en la iglesia cuando comienza la misa. Nos recuerda que debemos agradecer que Jesús murió por nuestros pecados.

**EL SACERDOTE:** un hombre que recibe el sacramento de órdenes sagradas para guiar al pueblo de Dios en la oración, celebración de los sacramentos para servir en el nombre de Jesús.

# Escuchando la palabra de Dios

**A TODO EL MUNDO LE ENCANTAN** las buenas historias. La Biblia es la palabra de Dios dada a todos nosotros. Está llena de historias sobre el pueblo de Dios.

El lector es la persona que proclama las lecturas durante la misa. El lector puede ser un hombre, una mujer, o aun una persona joven. El lector lee de un libro llamado el leccionario. El leccionario contiene relatos, poemas, canciones y cartas de la Biblia. Algunos leccionarios tienen hermosas cubiertas y páginas doradas. Esto muestra el valor y la importancia de las palabras que contienen.

El puesto especial donde el lector lee la palabra de Dios se llama el atril. Muchos atriles están bellamente hechos de mármol, madera o metal brillante. El libro que está en el altar es el sacramentario. El sacerdote usa las oraciones y las bendiciones del sacramentario para celebrar la misa con la comunidad.

**FLORES:** las personas en la iglesia se ofrecen voluntariamente para decorar el altar con hermosas flores. Las flores nos recuerdan la vida y la belleza de la creación de Dios.

**VELAS:** las velas en la iglesia están allí para recordar al pueblo de Dios que, como Jesús, ellos deben ser la luz para el mundo.

**CORDERO DE DIOS:** El símbolo en el atril representa el Cordero de Dios. El Cordero de Dios es un título aplicado a Jesús. El cordero lleva una insignia. Eso significa que Jesús resucitó de la tumba y venció la muerte.

**MESA DE LA CREDENCIA:** la mesa cerca del altar donde se colocan los recipientes que contienen el vino y el agua, la pequeña jarra con agua y la toalla para ser usados por el sacerdote durante la misa.

Algunas iglesias tienen hermosos cuadros pintados en las paredes. Otras tienen vidrieras de colores. Muchos de los cuadros y ventanales muestran escenas bíblicas. En otras épocas, mucha gente no sabía leer. En cambio, podían mirar los cuadros y las vidrieras para ver las narraciones bíblicas. Las imágenes ofrecen otro modo de contar historias al pueblo de Dios.

**VIDRIERAS:** estas vidrieras decoradas muestran escenas de Jesús cuando era niño y joven.

# Compartir la Eucaristía

**Cuando nos reunimos con la familia y los amigos** en ocasiones especiales, con frecuencia compartimos una comida. Cuando los católicos se reúnen en la iglesia, comparten una comida que se llama la Eucaristía.

El pan y el vino que usamos como alimento y bebida son llevados al altar por la gente de la congregación; a menudo por una familia entera. Después que el sacerdote consagra el pan y el vino, se convierten en el Cuerpo y la Sangre de Jesucristo para nosotros.

Cuando recibimos huéspedes especiales para comer, con frecuencia sacamos los mejores vasos y vajillas. En nuestras celebraciones eucarísticas, usamos una hermosa copa, el cáliz.

**VINAGRERAS:** las pequeñas botellas de vidrio que contienen el agua y vino para consagrar durante la misa.

**EL SANTÍSIMO SACRAMENTO:** el nombre que se usa para las hostias después de ser consagradas durante la misa. Son el Cuerpo de Cristo.

Muchos cálices están hechos de plata brillante u oro. Algunos están decorados con joyas centelleantes. El vino y el agua de la vinagrera se echan en el cáliz, y luego el sacerdote los consagra con oraciones especiales. El pan consagrado se coloca en un plato especial que se llama la patena. Usualmente está hecha de oro o plata como el cáliz. El pedazo de pan de forma redonda y plana que se coloca en la patena es la hostia. Nosotros creemos que la *hostia* se convierte en el Cuerpo de Jesús cuando es consagrada.

Las personas se acercan para recibir la Sagrada Comunión. Después de recibir la hostia consagrada, sentimos que Jesús está aún más presente en nuestra vida diaria.

# Ofrenda de nuestros regalos

¡TODOS SABEMOS QUE ES MEJOR dar que recibir! El pueblo de Dios apoya la iglesia de muchas maneras. Ellos comparten su tiempo, viniendo a la iglesia para rezar y haciéndose voluntarios en las actividades de la iglesia.

Comparten sus talentos cantando, leyendo, decorando, enseñando, pintando o tocando instrumentos musicales. También hacen donativos para mantener las actividades de la iglesia.

Durante la misa, se circula un recipiente entre la congregación para que la gente pueda hacer su ofrenda a la iglesia. Se usa este dinero para pagar los gastos de la iglesia y para financiar los programas que ayudan a la gente en la iglesia. El dinero hace posible la educación de los niños y ayuda a los demás de muchas maneras. Al ofrecer nuestro tiempo, talentos y dinero, mostramos que somos parte de una comunidad que ama y sirve a todos.

Es normal que las iglesias tengan otro lugar para recoger donaciones. En esta caja se puede depositar dinero para ayudar a los pobres. Los sobres y las alcancías cerca de las velas votivas son otro lugar para dar dinero. Muchas iglesias también tienen una caja para alimentos, especialmente durante las fiestas. Todos somos parte de la familia de Dios, y nos sentimos bien cuando compartimos nuestras bendiciones.

**SOBRES PARA LA OFRENDA:** mucha gente coloca su donativo en sobres especiales para la ofrenda en la iglesia.

**VELADORAS:** velas que se encienden delante de una estatua de Jesús, María o uno de los santos. Nos arrodillamos y encendemos las velas para mostrar que, al rezar, honramos a Dios y le pedimos su ayuda. Al prender una veladora se da dinero en señal de acción de gracias.

**ESTATUAS:** figuras de Jesús, María o de santos que están hechas de mármol, piedra, madera, yeso o metal. Las estatuas se encuentran en casi todas las iglesias católicas, y nos recuerdan que debemos orar para recibir ayuda de los hombres santos y mujeres santas que ahora están con Dios en el cielo.

# Preparación para la Navidad

**¡Es divertido preparar para la Navidad!** Nosotros hacemos dulces, decoramos árboles y casas, y compramos regalos navideños. El la iglesia católica preparamos para la Navidad durante un tiempo que llamamos el Adviento. La palabra *Adviento* significa "venida". Durante el Adviento recordamos la venida de Jesús como niño hace dos mil años. También preparamos para el tiempo de la ultima venida gloriosa de Jesús.

Durante las cuatro semanas antes de la Navidad, encendemos velas en una corona de ramas de verde perenne que llamamos la corona de Adviento. Ésta tiene tres velas moradas y una rosada. Cada semana encendemos una de las velas y decimos oraciones especiales.

El tercer domingo de Adviento es Domingo Gaudete. *Gaudete* es una palabra latina

**VELA BLANCA:** muchas iglesias colocan una vela blanca en el centro de la corona en el día de Navidad. Esto significa que la espera de Adviento ha terminado y que Jesús, la luz del mundo, ha nacido.

**VELA ROSADA:** la vela que se enciende el domingo Gaudete, cuando nos alegramos de que el nacimiento de Jesús esté cerca.

**MARÍA, LA MADRE DE JESÚS:** una brillante vidriera de colores de María, la Madre de Jesús. El ángel Gabriel le dice que va a dar a luz a un niño especial. María entonces espera que Jesús, el hijo de Dios, nazca. Esta imagen se conoce como Nuestra Señora de Guadalupe. María lleva un manto de estrellas de color celestial. La gente ofrece dinero cuando encienden las velas para mostrar su agradecimiento a Dios.

que significa "alégrate". Encendemos la vela rosada el Domingo Gaudete, porque nos alegramos de que el nacimiento de Jesús está cerca.

La corona de Adviento nos recuerda que debemos prepararnos para la celebración de la Navidad, cuando Jesús, la luz del mundo, nació en Belén.

# Detrás del escenario

**CASI EN TODAS LAS CASAS** hay un cuarto donde la gente guarda decoraciones, ropa y otros artículos. Las iglesias también tienen un cuarto para guardar los artículos usados durante las ceremonias religiosas. Este cuarto es una sacristía.

La sacristía tiene gabinetes para colgar los ornamentos de los sacerdotes. Estos llevan ropa coloreada con hermosos diseños durante la misa. En la iglesia católica, los colores más usados son el verde, blanco, púrpura y rojo. Los sacerdotes llevan vestimenta blanca durante Pascua y la Navidad; el púrpura, durante Cuaresma y Adviento; el verde durante el tiempo ordinario del año. El rojo se usa en Domingo de Ramos, Viernes Santo y la fiesta de Pentecostés y celebraciones de los mártires. Los sacerdotes dicen oraciones especiales cuando se ponen las vestimentas.

**CASULLA:** ornamento exterior que lleva el sacerdote durante la misa. En la iglesia católica las casullas son de color verde, blanco, púrpura y rojo. Las casullas están hechas generalmente de seda, terciopelo u otro material de calidad y están decoradas con símbolos religiosos.

**ESTOLA:** una vestimenta litúrgica que lleva el sacerdote alrededor del cuello. Es larga y delgada y hace juego con el color y material de la casulla.

**SACRAMENTARIO:** el libro de oraciones y bendiciones del cual el sacerdote lee en la misa.

Muchas sacristías tienen bonitos gabinetes donde se guardan los artículos religiosos. Cálices, patenas, vino y hostias, junto a los leccionarios y sacramentarios se colocan en la sacristía por razones de seguridad. Los hermosos manteles para cubrir el altar también son guardados en grandes cajones en la sacristía.

La sacristía también es el lugar donde los monaguillos se ponen sus ropas y se preparan para ayudar en la celebración de la Eucaristía.

# Sobre publicaciones SkyLight Paths

Publicaciones SkyLight Paths intenta crear un lugar de encuentro donde los niños y los adultos de diferentes tradiciones espirituales se reúnen para buscar desafío e inspiración, un lugar donde podemos ayudarnos mutuamente a comprender el misterio que yace en el corazón de nuestra existencia.

Publicaciones SkyLight Paths crea libros hermosos para creyentes y buscadores de cualquier edad, una comunidad que progresivamente transciende las fronteras tradicionales de la religión y las denominaciones—un pueblo que desea aprender mutuamente, caminar juntos, y encontrar el camino.